larue fils.

Manière
de
devenir créancier
quand on est débiteur.

F

MANIERE

DE

DEVENIR CRÉANCIER

QUAND ON EST DÉBITEUR.

Ouvrage utile à tous les Négocians, Banquiers, Commerçans, Manufacturiers, etc., et à tous ceux qui ont des engagemens à remplir et des liquidations à faire,

Par H'. DELARUE Fils,

ANCIEN NÉGOCIANT D'ELBEUF.

Escobar dit qu'on peut en certain cas
faire un *serment* plein de supercherie.
LA FONTAINE.

PRIX : 1 franc.

PARIS.

CHEZ DELAUNAY, LIBRAIRE, PALAIS-ROYAL.

E L'IMPRIMERIE DE RENAUDIERE,
MARCHÉ NEUF, N°. 48.

1818.

AVIS.

Les Négocians, les Banquiers et Marchands de toutes classes qui liront cet écrit, où ils reconnaîtront les moyens *de devenir créancier quand on est débiteur*, voudront bien se persuader qu'il ne m'a pas été possible de retenir ma plume et d'écrire avec plus de précision. J'aurais pu leur communiquer une quantité plus considérable de lettres. J'ai pensé que celle que je place à la tête de ce petit ouvrage leur suffirait. J'aurais pu aussi joindre quelques certificats de plusieurs professeurs d'écritures et de *calculs*; mais mon intention n'est point ici d'humilier l'amour-propre de M. Martin, fils d'André, qui vient d'être appelé à la présidence du tribunal de commerce de Paris.

On peut être un galant homme, un négociant estimable et un rapporteur intègre et impartial; mais on peut aussi déraisonner en comptes et en calculs, et se laisser entraîner par des préventions.

Monsieur ,

J'ai reçu , monsieur , le mémoire que M. Demon-
ville , imprimeur , rue Christine , à Paris , a eu la bonté
de m'adresser ici de votre part. Je l'ai lu attentivement,
et plus attentivement encore j'ai examiné les comptes
courans qui y étaient annexés.

Le rapport fait sur ces comptes a singulièrement
excité mon étonnement et ma curiosité , c'est au point
que je suis forcé de vous avouer que je n'y comprends
rien.

S'il n'est pas de ma compétence de juger les parties
il m'est permis, comme lecteur, de me rendre compte
à moi - même de leur situation respective. Mais au
préalable, expliquez-moi comment votre compte, présentant une balance en votre faveur de 6901 fr. 42 c.,
se trouve réduit par M. Martin , fils d'André , à la
somme de 6342 fr. 30 c. , première différence à votre
préjudice de 559 fr. 12 c. , dont le rapporteur ne donne
ni raison, ni motif, pas même un mot d'explication.

Expliquez-moi encore , monsieur , car en calculs il faut
s'entendre, comment l'article des intérêts fixés dans le
même compte à 1937 fr. 28 cent. se trouve porté dans le
travail de M. Martin fils d'André à 2511 fr. 50.; cette
seconde différence de 574 fr. 22 cent. à votre préjudice ne
se comprend pas plus que la première. Serait-ce une erreur ? Serait-ce une usure masquée ?

En cherchant à comprendre ces variations frappantes ,
je m'y perds. Nos calculateurs d'ici, qui valent bien ceux
de Paris , pas plus que moi ne comprennent M. Martin ,

fils d'André, surtout à l'article de 7 fr. 55 cent. qui lui sont tant nécessaires pour une balance. Pourquoi cette balance, pourquoi ce faux calcul, et pourquoi prendre 7 fr. 55 cent. lorsque déjà on a pris en deux traits de plume 1133 fr. 34 cent. que rien n'empêchait d'augmenter avant ce petit appoint ? car 1140 fr. 89 cent. ne coûtaient pas plus à retirer du compte que 1133 fr. 34 cent.

C'est à vous, monsieur, à nous donner le mot de l'énigme, nous sommes impatiens de le connaître. A moins de retourner à l'école pour y refaire notre cours d'arithmétique, il est évident que sur ces trois articles comme suit :

$$\left. \begin{array}{l} \text{le 1}^{er}.\ 559\ f.\ 12\ c. \\ 2^c.\ \ 574\ f.\ 22\ c. \\ 3^c.\ \ \ \ \ 7\ f.\ 55\ c. \end{array} \right\} \ 1140\ f.\ 89\ c.$$

on vous fait un préjudice réel et palpable, et nous sommes curieux de connaître la raison par laquelle M. Martin, fils d'André, en a si libéralement gratifié de MM. Collin Dapples et compagnie.

Enfin, pour explication dernière, dites-nous deux mots sur le billet de 11,995 fr. 75 cent., sans discussion rejeté de votre compte comme discuté. Sur cet article, le rapporteur nous a paru trop laconique, ainsi que sur cet autre où nous avons remarqué que vous portez à votre compte, ainsi qu'il suit :

1813. Février 5. Idem, ma traite acceptée

$$\left. \begin{array}{l} \text{Vanier.}\ 6,000\ f. \\ \text{Idem.}\ \ \ \ \ \ \ 4,000\ f. \\ \text{Idem.}\ \ \ \ \ \ \ 4,000\ f. \end{array} \right\} \ 14,000\ f.$$

Vos adversaires dans leur compte portent bien différemment cet article. Ce sont bien les mêmes sommes, la

même date ; mais ce n'est pas le même énoncé : ils portent, article 60,051 fr. 95 cent., ainsi qu'il suit :
1813. Février 5. Idem , son acceptation,

$$\left. \begin{array}{l} \text{traite Vanier. } 6,000 \text{ f.} \\ \text{Idem, ses } deux\ billets.\ 8,000 \text{ f.} \end{array} \right\} \ 14,000 \text{ f.}$$

Or, il est clair que deux billets ensemble 8,000 fr. ne se concordent plus avec deux traites de chacune 4,000 f. ; des billets ne sont pas des traites, et des traites ne sont pas des billets. Que M. Martin, fils d'André, nous permette ici une réflexion sur ce laconisme. Cet article n'aurait-il pas été le nœud gordien pour lui, et semblable au meurtrier de Clitus, n'aurait-il pas *sabré* lorsqu'il fallait *dénouer*?

Pour former une opinion, nous avons besoin des éclaircissemens que nous vous demandons. Quant à moi particulièrement, j'ose vous assurer que M. Martin, fils d'André, est pour moi un calculateur bien inintelligible. J'ai besoin de le comprendre.

J'ai l'honneur de vous saluer ,

GRANDIN.

RÉPONSE.

Paris, 2 septembre 1817.

Monsieur ,

Il m'est difficile de vous éclairer ; mon intelligence est comme la vôtre, elle succombe aux questions que vous me faites. En peu de mots, M. Martin, fils d'André, a voulu, bon gré, malgré, que je fusse débiteur. Il n'a point calculé; son gratoir était sa plume, ou, pour me servir de vos expressions, il a sabré, mais tellement sabré, qu'il s'est coupé lui même. Quelle différence de son rapport à celui de M. Barillon! Quel contraste de lumières et d'obscurité!

Comme vous le dites, monsieur, retournons à l'école pour y apprendre que 2 et 2 font 5, car en province nous ne sommes que des ignorans qui ne savons que la vieille arithmétique de Barème.

Cependant je vous apprendrai que la cour, dans sa justice, a jugé, avant-hier, que mes adversaires prêteraient serment, s'ils en étaient requis, pour les effets qu'ils ont remis aux confectionnaires, et dont ils ont encore une partie dans les mains. Je les attends au faux serment qui va ressortir de toutes parts; il ressortira du jugement des tribunaux, de nos comptes respectifs, de leurs opérations avec *Caron*, *Legendre* et autres; il ressortira de leurs livres *raturés*; il ressortira du reçu de mon *frère*; il ressortira des calculs erronnés, etc., etc. Enfin, en ressortant de toutes parts, il y aura plus qu'à suffire pour établir le parjure.

J'ai l'honneur de vous saluer,

H^t. DELARUE F<small>ILS</small>.

MANIÈRE

DE DEVENIR CRÉANCIER

QUAND ON EST DÉBITEUR.

Escobar dit qu'on peut en certain cas
Faire un serment plein de supercheries.

LAFONTAINE.

WILFRID REGNAULT, condamné à mort par la Cour d'assises d'Evreux, portera-t-il sa tête sur l'échafaud ? La logique puissante et les efforts de M. Benjamin de Constant pour le défendre, seront-ils couronnés de succès ? L'innocence ira-t-elle au supplice ? Tel est le doute sur un procès dont le public attend l'issue.

Voisin de Wilfrid Regnault, mais moins infortuné que lui, puisqu'on me laisse la vie, je viens d'être assassiné dans mon honneur et dépouillé de ma fortune jusques dans l'héritage de mes pères.

1

Nouvelle victime des erreurs de la justice, je ne serais pas un homme si je ne soulevais le voile qui couvre tant d'erreurs, tant d'injustices, tant d'iniquités.

Faisons plus ; déchirons ce voile.

Un arrêt, rendu sur de faux exposés, et d'après le rapport d'un arbitre égaré dans ses décisions, perdu dans ses calculs, peut bien enlever à l'honnête homme une partie de sa fortune, mais un tel arrêt, signalé à l'opinion publique, ne pourra long-temps lui ravir l'honneur.

En vain les préventions, la cupidité, la fraude et toutes les sortes de calomnies, ont-elles travaillé de concert à obscurcir la vérité ; en vain un arbitre ouvertement prévenu en leur faveur, ont-ils essayé de dénaturer les faits les plus notoires, et d'atténuer les actes les plus authentiques ; en vain un tribunal inspiré par de justes motifs, mais trompé par des mensonges habilement ménagés, a-t-il rendu un jugement qui consacre la spoliation et la fraude ! il est enfin un terme à l'erreur et aux grandes injustices, et le moment arrive où l'œuvre des ténèbres est mise au grand jour.

Car, l'honnête homme ne craint jamais de signaler hautement les injustices dont il fut la victime ; c'est à l'opinion publique qu'il en appelle, lorsque son honneur outragé vient lui commander ce devoir : alors, il invoque l'opinion publique avec sécurité, avec confiance; et en cherchant à éclairer la religion des dépositaires de la justice, il donne aux magistrats et à la loi une nouvelle preuve de son obéissance et de son respect pour eux.

Ce serait peu d'avoir été condamné dans sa demande, opprimé dans son droit, dépouillé dans sa fortune ; ce serait peu encore de voir passer dans des mains avides et pleines de fourberies une portion des fruits de son travail et des propriétés de ses pères : ces malheurs, quelques grands qu'ils soient, ne porteraient pas toujours un homme probe, mais vieilli dans les affaires et l'expérience des choses, à réclamer, à s'élever publiquement contre un jugement inique ; il s'envelopperait dans son innocence, et pénétré de sa dignité, il conserverait un noble silence; car, dans des conjectures aussi malheureuses, l'intérêt de la victime lui conseille souvent d'obéir au sacrifice, de ne pas aggraver les pertes qu'elle a déjà subies, et de supporter sans murmure les erreurs de la justice.

Mais lorsque ces erreurs mettent l'honnête homme dans l'impossibilité de faire face à ses affaires, ou de les rétablir d'une manière conve-

1 *

nable à sa profession ; lorsque son existence et
son honneur sont également compromis, il ré-
clame hautement en faveur de la vérité; il doit
persister, invariablement dans ses réclamations,
et il doit enfin appeler de l'arrêt surpris aux magistrats à l'impartiale décision de l'opinion publique.

On est loin d'inculper la probité morale
et judiciaire des dépositaires de l'autorité; on
rend aux magistrats de la Cour royale toute la
justice que méritent leurs talents, leur loyauté
et leurs lumières ; on les honore, on les res-
pecte : mais ces magistrats ne sont pas infaillibles,
mais leur religion peut être trompée, mais ils
ne sont pas à l'abri des faux rapports et des
faux calculs qui cherchent de toutes parts à
obscurcir la vérité, c'est-à-dire, les faits soumis
à leur jugement ; et plus le magistrat est intègre,
plus il croit même obéir à la loi lorsqu'il prononce
d'après des pièces, ou d'après des actes qu'on
a eu l'air de revêtir à ses yeux de tous les ca-
ractères de la vérité.

Tel est le cas dans lequel je me trouve placé
vis-à-vis de la Cour royale et vis-à-vis des sieurs
Collin Dapples et compagnie, négocians, rue
Saint-Marc, à Paris.

Les sieurs Collin Dapples et compagnie étaient,

et sont, encore, mes débiteurs; ils se sont portés néanmoins mes créanciers, et en accusant
du crime de faux leur prétendu débiteur, ils
sont parvenus à lui ravir une partie de sa pro-
priété; c'est par la calomnie qu'ils ont con-
sommé la spoliation! Un jugement du tribunal
civil du département de la Seine (25 juin 1817)
a fait justice de la calomnie, mais un arrêt de la
Cour royale (30 août 1817) a consacré la spoliation.

C'est à démontrer l'une et l'autre que je me
décide aujourd'hui. Je cède à des devoirs sacrés,
au besoin de conserver l'estime des honnêtes
gens, la confiance du public, et une considération
acquise par de longs et honorables travaux.

Mon honneur et celui de ma famille ne me permettent pas de garder un silence coupable; il
est temps de démasquer ces hommes de fraude
et de mensonge qui égarent les magistrats, et
qui s'arment de la protection des lois pour dépouiller les victimes dont ils convoitent la fortune, et dont ils préparent la ruine.

Mais, en exposant brièvement les faits, en les
appuyant d'actes authentiques, je n'ai pour objet que le triomphe de la vérité et de la justice.
C'est avec modération, avec sagesse, c'est avec

les seules armes de la loyauté et de l'honneur
que j'établirai les nombreuses prévarications des
sieurs Collin Dapples et compagnie, et les erreurs
dans lesquelles est tombé M. Martin, fils d'André, revêtu, par le tribunal, du caractère d'arbitre, et chargé en conséquence d'examiner et
de régler les comptes.

FAITS.

Pendant plusieurs années j'entretins des relations d'amitié, d'intérêt et de commerce avec
les sieurs Colin Dapples et compagnie; je leur fus
souvent utile dans les diverses spéculations auxquelles ils se livrèrent, et j'en reçus, à mon tour,
cette réciprocité de services qu'une même profession et la même habitude d'affaires rendent
toujours, communs entre les hommes qui les
exercent.

Lorsque l'ancien gouvernement fit faire, à Paris et à Bayonne, des ventes publiques des laines
qu'il avait enlevées en Espagne, je me rendis de
concert avec les sieurs Collin Dapples, adjudicataire d'une partie de laine montant à 300 mille
francs; une partie des traites à trois ans d'échéance, que l'ancien gouvernement reçut en
paiement, furent garanties par les sieurs Co-

lin Dapples et compagnie, et de là prit naissance le compte courant qui nous a amené
devant les tribunaux.

J'avais traité en 1810; les traites arrivèrent a
échéance vers la fin de 1812. Ce fut à cette
époque que, pour couvrir les sieurs Collin Dapples et compagnie, je leur remis une quantité
considérable d'effets divers, et ces banquiers ac-
quittèrent au gouvernement les engagemens dont
ils s'étaient rendus eux-mêmes cautions.

Mais, vers la fin de 1812, plusieurs confectionnaires des effets remis aux sieurs Collin
Dapples et compagnie, ne pouvant les acquitter
à raison des pertes que les événemens leur
avaient fait éprouver, et à raison de la non vente
des marchandises qu'ils avaient achetées, j'invi-
tai les sieurs Collin Dapples et compagnie à rem-
bourser, non pas mes propres engagemens, comme
ils voudraient le persuader, mais les engagemens
de mes débiteurs, tels que Legendre, Caron
Revel, Gresset, Frédérik, Descombes, Thierret,
Demay, etc.

C'est ici l'occasion d'observer, que, pour se
faciliter les moyens de présenter des bordereaux
à la banque de France, les sieurs Collin Dapples
et compagnie avaient souvent recours à des billets de complaisance qu'ils se procuraient par

mon entremise ; ils me fournissaient des person-
sonnages pour souscrire ces billets, et, au moyen
de mon endos, ils obtenaient des escomptes à
la banque de France. Voilà la véritable explication des divers passages de ma correspondance,
si mal interprétée par M. Martin, fils d'André,
où il est dit : *J'ai besoin de causer avec toi* sur
la nature des billets.... J'ai des inquiétudes
sur *la nature de ces billets*, etc., etc. Ce sont les
billets de *Vannier, commis de caisse* des sieurs
Collin Dapples, de Pierre *Huard, leur ami,*
et de plusieurs autres confectionnaires mis en
avant par eux-mêmes.

On voit, sans qu'il soit nécessaire d'insister
sur un fait aussi clair, que les sieurs Collin
Dapples et compagnie soutenaient leur crédit
par ma signature. Je jouissais, en effet, dans le
commerce d'une confiance aussi grande que mé-
ritée ; j'étais à la tête d'un commerce honorable
et étendu ; mes opérations, dirigées avec probité et intelligence, soutenues par un crédit
fondé sur les meilleures bases, me promettaient
une prospérité constante, lorsque les engorge-
mens et la détresse occasionnés par le système
continental, ou plutôt par l'interdiction lancée
contre toutes sortes d'industrie, au nom de
'ambition et du despotisme les plus effrénés

qui existèrent jamais, causèrent nécessairement
des embarras dans cette année désastreuse.

Lié depuis long-temps avec les sieurs Collin
Dapples et compagnie, je leur avais remis,
comme il est dit plus haut, et j'en avais reçu
des valeurs également utiles à tous les deux. J'avais
apporté dans toutes mes transactions une fran-
chise, une loyauté contre lesquelles mes adversaires n'avaient pas élevé le plus léger soupçon,
et c'est dans cet état de confiance que nos opérations respectives s'étaient prolongées, lorsque
les événemens de la campagne de 1812 appor-
tèrent dans mes spéculations une gêne et des
embarras que les plus fortes maisons de commerce éprouvèrent toutes, plus ou moins, à
cette époque. Alors il existait une balance d'affaires ou de comptes, de valeur d'environ 105
mille francs, entre ces banquiers et moi.

Plusieurs effets de commerce, que je leur
avais remis, ayant été en souffrance, ou venant
par le remboursement aux époques fixées, ceux-
ci conçurent, ou plutôt affectèrent de concevoir
des inquiétudes sur ma solvabilité. Pour les dissiper, d'une manière positive, et toujours fidèle
à mes principes de loyauté, je m'empressai de
donner à ces hommes inquiets une obligation de
20 mille fr., passée devant M. Jalabert, notaire

à Paris, le 29 mai 1813. « Pour prêt de pareille
» somme (est-il dit dans l'acte) s'obligeant, le
» sieur Delarue de la rendre et payer aussitôt
» qu'il le pourra, mais cependant au plus tard
» dans l'année qui suivra le décès de M. Henri
» Delarue, son père, etc. »

Ladite obligation de 20,000 fr. n'avait uni-
quement pour objet que d'assurer aux sieurs
Collin Dapples et compagnie une surabondance
de garantie et de solidité relativement aux effets,
et cette obligation n'avait nullement pour objet
un prêt de pareille somme qu'ils étaient censés
dans l'acte avoir fait ou devoir faire. En m'éle-
vant dans le temps contre une disposition semblable, insérée dans ledit acte, je n'y consentis
que sur les observations du notaire lui-même
« que cet *énoncé* ne changeait rien à la nature
» de mes intérêts dans le compte à régler entre
» les parties. » C'est un fait à la connaissance
de M. Jalabert, et c'est un fait dont MM. Colin
Dapples conviennent eux-mêmes.

Non contens d'un procédé aussi noble et d'une
garantie aussi positive, les sieurs Collin Dapples
obtinrent, par acte du 11 octobre 1813 passé
devant M. Lecerf, notaire à Elbeuf, de mon
père, qu'il se rendît volontairement caution
envers eux de la somme de 15,000 fr., prin-

cipal et des intérêts , faisant partie de celle de 20,000 fr. due , suivant l'obligation susdite du 29 mai précédent.

L'on verra bientôt comment les sieurs Collin Dapples parvinrent à obtenir , ou plutôt à surprendre à mon père , son cautionnement pour cette somme de 15,000 fr. , principal et intérêts.

Et cependant , loin d'être en réalité *débiteur*, j'étais créancier ! J'étais créancier , puisqu'ils étaient nantis de valeurs et effets pour une somme plus considérable que celle dont ils pouvaient réclamer paiement. J'étais leur créancier, ou du moins je *ne* pouvais être considéré comme leur débiteur , puisque les comptes respectifs n'avaient été ni discutés , ni apurés , ni réglés.

Indépendamment d'une considération aussi majeure , et pour procéder d'une manière régulière au réglement de compte , MM. Collin Dapples et compagnie étaient tenus de me justifier du non-paiement , en leurs mains , des valeurs qu'ils avaient reçues de moi , et dans cette hypothèse de non-paiement , ils étaient tenus de me remettre lesdites valeurs lorsque je leur en fournissais l'équivalent.

Mais en vain pressai-je , avec de vives instances , les réglemens de comptes qui devaient me libérer de toutes dettes et hypothèques ; mes débiteurs, nantis de valeurs doubles, nantis d'obligations notariées ; trouvèrent sans cesse de nouvelles raisons pour différer ces réglemens. Convaincus de ma loyauté, et je peux bien ajouter de l'excès de bonhomie avec lesquels je m'étais empressé de leur offrir toutes les garanties qu'ils avaient paru desirer, ils demeuraient toujours en possession des effets et valeurs, et ils parvenaient, en attendant, à transiger avec les débiteurs de ces effets et à en recevoir une partie de leurs engagemens.

Quelques-uns de ces effets n'ayant pas été acquittés à leur échéance par les souscripteurs, ils abusèrent tellement de ma confiance et de mon abandon à leur égard, qu'ils furent dire à mon père que les effets dont ils étaient porteurs étaient des billets faux !!! Quoi ! les billets confectionnés par les commis *Vannier* et par leur ami *Pierre Huard* et autres. . . . . . étaient des billets faux ! Ce fut par une aussi criminelle calomnie, qu'ils répandirent une sorte d'inquiétude, et qu'ils parvinrent à obtenir le cautionnement qu'ils desiraient.

Tout le monde sait qu'on est commercialement dans l'usage de faire du papier qu'on appelle de *complaisance,* c'est-à-dire do don-

ner sa signature à un effet 'dont on ne reçoit pas le montant, et dont le tireur ou l'accepteur est quelquefois insolvable ; mais la solidité d'un effet de cette *nature* n'en est pas moins réelle, puisqu'elle est garantie par la solvabilité de l'endosseur; c'est ainsi, il est nécessaire de le répéter, que j'avais remis aux sieurs Collin Dapples divers effets souscrits *par leur propre caissier*, et autres personnes dont la solvabilité était de nulle considération, puisque mon endos suffisait aux sieurs C. Dapples et compagnie pour les passer à la banque de France.

Si cela s'appelle faire des *faux*, si cela peut s'appeler être *faussaire*, la moitié des négocians de l'Europe peuvent être gratifiés de ce nom, avec autant de justice que ces messieurs m'en ont si libéralement gratifié.

Mais une appellation semblable devient une calomnie au premier chef, lorsqu'on se permet d'arguer de *faux* et d'attaquer en *faux* des billets livrés par un endosseur connu, et dont, à-la-fois, on fournit soi-même la signature et l'individu. C'est le cas dans lequel se sont placés mes adversaires pour me dépouiller avec plus de sûreté d'une partie des sommes qu'ils avaient reçues de moi, et dont ils me devaient en con-séquence crédit et compte.

par leurs propres agens, et les portent sans nulle
pudeur à mon débit; ils ont une main qui a remis, ils ont une main qui a gardé les valeurs
qu'on leur demande; ils ont remis ces valeurs,
ils s'en sont dénantis, et ils les possèdent; ils
ont fait la remise, et ils ont la possession; enfin,
ils finissent par présenter à l'arbitre, que le tribunal nomme pour examiner et apurer le compte
général des parties, un tableau informe et tron-
qué de leurs opérations.

Suivant ce tableau, monument de dérision et
d'absurdité, ils veulent établir que je suis et de-
meure leur débiteur de 15,083 fr. : d'où résul-
terait, comme on voit, à mon préjudice, une
différence, c'est-à-dire un vol de 21,425 fr. 30 c.,
somme dont ils ne rougissent pas de demander
paiement.

En se créant ainsi, de leur autorité plénière,
créanciers pour une somme de 15,083 fr.; en
niant qu'ils sont mes débiteurs de 6,901 fr. 42 c.,
ils composent leur état de compte de frais de
voyages, que leurs propres agens ont faits pour
leurs propres affaires, de gratifications ou d'honoraires exorbitans, payés, disent-ils, à M. Jalabert, notaire, pour l'obligation passée devant
lui, de doublés emplois et d'articles déjà soldés,
de prétendus déboursés dont il devient impos-

sible de prouver la vérité, la nécessité, l'autorisation, et même la simple mention antérieure.

Ce sont des *magiciens* que les sieurs Colin
Dapples et compagnie; et il faut regretter que
de si habiles calculateurs ne soient pas chargés
de régler et de liquider les comptes existans
entre le gouvernement français et les puissances
étrangères. Ils libéreraient la France avec quelques pages de calculs, et ils prouveraient aux
cabinets des souverains que toutes les indemni-
tés qui leur sont allouées par les traités, sont
non seulement soldées, mais que la France est
encore en avance vis-à-vis d'eux. Il ne leur serait
pas plus difficile d'opérer en grand une semblable
métamorphose, que de prouver en petit que je
suis aujourd'hui leur débiteur.

Mais les particuliers sont passibles des décisions judiciaires qui débattent et établissent les
droits respectifs; et c'est aux tribunaux, chargés
par le souverain d'administrer bonne et briève
justice aux sujets, qu'il appartient de dépouiller
les faits en litige, et de prononcer sur les droits
des parties.

Plein de confiance dans l'équité et les lumières
des magistrats, je me suis présenté au tribunal
avec une sécurité entière; et telle était même
l'évidence de mes droits, que le tribunal de

2

commerce a consacré la partie essentielle du rapport de M. Barillon, nommé arbitre dans l'affaire.

M. Barillon, dont la réputation est si honorablement établie dans la banque et dans la société, était d'avis que les sieurs Colin Dapples et compagnie fussent tenus de me remettre, en contre-échange de paiement de ma part, tous les effets par moi réclamés, et de les remettre accompagnés de leurs protêts, afin de prouver que les diligences nécessaires au recouvrement de ces effets, avaient été suivies en temps utile et dans mes intérêts.

L'impartial et honorable arbitre aurait cru blesser à-la-fois l'honneur et la justice, il aurait cru se manquer à lui-même si, dans le rapport que le tribunal l'avait chargé de lui soumettre, il eût rappelé ces présomptions, ces plaintes, ces calomnies si audacieusement hasardées, s'il avait parlé de ces prétendus *faux* dont le tribunal avait fait une éclatante justice, de ces *faux* si artificieusement prétextés par les sieurs Collin Dapples et compagnie, et ensuite si positivement reconnus, par eux, pour n'avoir pas existé et n'avoir pu même exister. En suivant la ligne du devoir et de la loyauté, M. Barillon préjugeait, par conséquent, disons plus, il garantissait en quelque sorte ma loyauté et la mauvaise foi de mes ad-

versaires, deux choses qui sont maintenant claires
comme le jour, et dont chaque ligne de cet
exposé achèvera de convaincre de plus en plus le
lecteur.

Malheureusement M. Barillon s'était trouvé
atteint d'une indisposition grave; elle ne lui
avait pas permis d'accorder à l'affaire dans laquelle il avait été nommé rapporteur, toute
l'attention qu'elle exigeait; il n'avait pu entendre les témoins les plus nécessaires, et à peine
ses affections catarrhales lui avaient-elles laissé
le moyen de parcourir les pièces principales : mais
l'équité de M. Barillon le dirigea vers le point
essentiel, la représentation des effets et la remise des valeurs et effets. Effectivement, cette
*représentation et cette remise devaient à elles
seules décider la question.*

Par jugement du 25 novembre 1816, le
tribunal de commerce jugea convenable de dispenser les sieurs Collin Dapples et compagnie
de représenter les effets *accompagnés de protêts*
ou des formalités voulues par la loi en cas de
non - paiement ; mais c'était établir la remise
des effets purement et simplement : la décision
du tribunal fut conforme dans le fond à mes
intentions, car, toujours, dans le système d'une
invariable bonne-foi, j'avais dispensé mes ad-

versaires de ces formalités, c'est-à-dire de la preuve des diligences faites dans mon intérêt relativement à quelques effets de *complaisance* dont la *nature* et le contexte avaient été parfaitement connus et appréciés par eux ; mais je ne les avais dispensés de ces formalités ou de la preuve de ces diligences relativement à plusieurs autres effets, notamment ceux de *Chastelat, Thierret, Demay* et *Pierre Huard*, attendu que le défaut de diligences en temps utile, par rapport à ces derniers, pouvait mettre, comme en effet il m'a mis, en état de déchéance ou de souffrance, et de pertes extrêmes, le défaut de poursuites en temps utile ayant dû détruire ou considérablement altérer le recouvrement desdits effets.

On voit par ce précis, dont la justesse et la vérité sont à l'abri de toute critique, que les divers effets ou valeurs remis aux sieurs Collin Dapples et compagnie devaient m'être rendus en échange des payemens effectués, ou à effectuer par moi ; c'est là l'alphabet du commerce, car supposer un instant le contraire, ce serait vouloir que j'eusse consenti à payer deux fois ce que je ne pouvais devoir qu'une, et ce serait encore vouloir que le sieur Collin-Dapples et compagnie gardassent en même temps le montant des titres qui leur avaient été remis, et les titres qui représentaient le montant.

C'est bien-là ce qu'entendent, ce que veulent et ce que prétendent obtenir, de manière ou d'autre, mes adversaires. L'on va voir qu'ils n'ont rien négligé pour faire triompher leur mauvaise foi, et pour assurer le succès de leur fraude.

La cour royale, où fut porté l'appel du jugement du tribunal de commerce, nomma, pour examinateur et arbitre du compte à établir entre nous, M. Martin, fils d'André.

Ce second arbitre suivit en tous points une marche différente du premier, Il s'attacha, par-dessus toute chose, à établir, dans son rapport, les présomptions de *faux* avancées par l'imposture et la mauvaise foi. Partant de cette calomnie, dont le tribunal de commerce avait fait justice, et dont Mᵉ Barillon, fidèle aux convenances, au droit et à la raison, n'avait pas même supposé la possibilité, calomnie dont les sieurs Collin Dapples avaient eux-mêmes reconnu l'absurdité, le nouvel arbitre ne vit plus dans toutes les demandes qu'ils faisaient qu'un moyen naturel dont ils s'étaient servis pour couvrir leur créance sur un faussaire.

Alors M. Martin, fils d'André, mutilant et

dépeçant à volonté ma correspondance avec ces imposteurs, isolant des *phrases et même des mots insérés dans une lettre,* et en appliquant le sens à une autre lettre et à d'autres époques, déduisant les conséquences les plus fausses et les plus invraisemblables, des réflexions les plus justes et les plus naturelles ; présentant sans cesse le *faux* comme un sujet d'inquiétudes fondées par mes fourbes adversaires relativement à mes valeurs fournies ; présentant ce faux comme un sujet de terreur pour ma famille, laquelle *se rend caution,* dit-il, *afin d'éviter un éclat d'aussi grave conséquence ;* enfin, établissant que les billets et effets dont je demande la remise ont été *valablement* remis, quant à la décharge de ces derniers, dans la personne de mon frère, qui, cependant, les a lui-même rendus à ces dépositaires fripons, entre les mains desquels ces effets se trouvent encore, en tout ou partie. . . . . Telles sont les bases sur lesquelles M. Martin, fils d'André, a présenté un rapport dont il est impossible de justifier les motifs et même les prétextes, et dont le point d'appui est une *calomnie,* une *imposture* et de *faux calculs.*

Que j'aie témoigné dans plusieurs de mes lettres à ces honnêtes négocians, des *inquiétudes*

et de *vives inquiétudes* sur la nature de plu‑
sieurs effets, cela est tout naturel si l'on consi‑
dère que les effets de complaisance ne pouvaient
être acquittés par les souscripteurs, puisque, vé‑
ritable et seul débiteur au fond d'une partie de
ces billets, je me trouvais dans un état de gêne
qui me forçait à m'ouvrir à eux sans nul dégui‑
sement. Mais une pareille confiance, une fran‑
chise aussi absolue, autorisaient-elles à conclure
que ces effets étaient *faux*? Ne devaient‑elles
pas prouver précisément le contraire? Et un
homme aussi versé dans les affaires commer‑
ciales, que l'est M. Martin, fils d'André; un Ge‑
nevois dont la fortune est due à des opérations
de commerce qui admettent ou nécessitent sou‑
vent ces billets de complaisance; M. Martin, fils
d'André, ne devait-il pas, avant toutes choses,
examiner ces circonstances dans lesquelles j'étais
placé à l'époque de la souscription ou de l'en‑
dossement de ces effets? Ne devait-il pas séparer,
détacher ces circonstances de toutes les suspicions
de *faux* qui n'avaient existé que dans l'esprit in‑
ventif et cupide de mes spoliateurs? Ne devait-il
pas examiner.... que dis-je? a-t-il même examiné
ses calculs et ses comptes? M'a-t-il entendu?

A Dieu ne plaise que nous songions à élever
le moindre doute sur la probité de M. Martin,

fils d'André ! Nous accordons à ce négociant de grandes connaissances dans sa partie; mais son rapport est loin de prouver ses lumières et son impartialité.

Toujours dirigé par la prévention résultant de l'accusation de *faux* intentée avec perfidie contre moi, il croit trouver créanciers mes calomniateurs; et, dans cette persuasion, il s'efforce par de faux calculs de les établir tels.

C'est dans cet état qu'il présente son rapport à la Cour royale; et plus la réputation de cet arbitre est grande et honorablement acquise, plus ses préventions, son travail et son avis ont de poids aux yeux du tribunal. Il ne faut pas s'étonner, par conséquent, si ce tribunal a jugé défavorablement des droits d'un homme que l'arbitre lui offrait à *chaque ligne* de son rapport, comme prévenu du crime de faux et comme un misérable faussaire. L'on verra que j'ai succombé en effet sous le poids de ces injustes préventions, et non pas sous l'autorité des preuves : car les preuves étaient et sont encore foudroyantes; mes accusateurs sont couverts de honte; le cachet de la perfidie est à jamais ignominieusement imprimé sur leur front.

En vain M. Barillon avait-il présenté un rapport lumineux, fondé en droit et en fait; en vain

le tribunal de commerce avait-il ordonné la remise des effets; en vain mes perfides adversaires
avaient-ils dressé un compte détaillé, qui devait,
disaient-ils, servir de règle à la Cour royale. Tous
ces antécédens, toutes ces considérations et toutes ces pièces ont été écartés par l'arbitre M. Martin, fils d'André. Il établit, de son chef, un
compte et un rapport dont chaque ligne est une
injure à mon honneur, et dont chaque article est
un préjudice à ma fortune.

La méthode adoptée par cet arbitre est toute
simple; il alloue à l'escroquerie ce qui n'est pas
justifié, et ne ne veut pas qu'on s'enquière de la
justification; il rejette, à mon détriment, les réclamations fondées en titre, et ne veut pas que
ces titres fassent foi; il les écarte, ou les déna-
ture, ou les oublie.

J'avais consenti, comme je l'ai avancé, au profit des sieurs Colin Dapples et compagnie, un
billet payable à vue, de 11,995 fr. 75 c., et ce
billet devait annuller pour autant les effets *Huard
et Vannier,* leur commis. L'honorable arbitre
rejette cet article du compte présenté, et il le
rejette par cela seul que mes adversaires, si délicats et si dignes de foi, *soupçonnent encore ce
titre,* comme ils l'avaient fait des titres *Fayas*

et Huard, reconnus cependant par eux vrais et valides.

Avec une semblable manière d'opérer, la fortune de M. Martin, fils d'André, la fortune même de la Banque de France pourraient être compromises; car il n'y a pas de raison pour qu'en entassant les faux raisonnemens et les suspicions, on ne parvînt à ébranler le crédit le mieux établi, si des suspicions et de faux raisonnemens servaient de pièces de conviction.

Mais, malgré l'envie de rendre hommage à l'esprit et aux lumières de M. Martin, fils d'André, on est forcé de lui observer que, porter dans un compte un article de 11,995 fr., comme *billet discuté* et l'admettre cependant sans discussion au bénéfice de l'une des parties, ce n'est pas faire preuve d'équité envers l'autre. On est encore obligé de lui observer que la raison dont il se sert pour excuser les rejets de cet article à mon préjudice, est en vérité dérisoire ; c'est, dit M. Martin d'André, à cause du silence gardé devant les premiers juges : mais M. Martin d'André devait savoir, ou plutôt il ne devait pas oublier puisqu'il le savait très-bien, que je n'avais pu parvenir à me procurer le compte dressé par mes adversaires, que *ceux-ci avaient soustrait*

ledit compte du paquet envoyé par M. Baril-
lon au greffe du tribunal de commerce, et
qu'il fallut une sommation extra-judiciaire pour
qu'une copie informe en fut délivrée à la date
du 25 octobre 1816.

Il est nécessaire de développer un fait dont la
connaissance importe essentiellement à la cause.

En 1814, attqué d'une maladie grave, j'étais
au lit de mort. Les sieurs Collin Dapples ju-
gèrent l'instant favorable pour aller voler au
greffe du tribunal de commerce, et soustraire
les pièces qui attestaient leur insigne mauvaise
foi ; les reçus, quittances et pièces justificatives
dont j'étais possesseur, avaient été confiées à
M. Barillon qui les avait envoyées, sous son
cachet et annexées à son rapport, au président
du tribunal de commerce ; elles furent enlevées
du greffe par le greffier lui-même ; interrogé
par le chevalier Hacquart, président, le greffier
déclare que mes fripons adversaires avaient envoyé *un homme avec un nez de masque*, qui
avait sténographié et enlevé le compte courant,
accompagné de pièces justificatives. Cet homme
au nez de masque est connu, il se nomme *Havard*,
on l'a souvent vu roder au greffe du tribunal, et
ce sténographe d'une nouvelle manière, qui n'a

pas dérogé aux fonctions auxquelles il s'est dé-
voué, est l'agent de tous les fripons qui veulent
s'introduire aux dépôts des archives.

Indépendamment des preuves de soustraction
de pièces, fournies par les aveux du greffier,
la procédure suffirait pour constater le vol et
l'enlèvement; elle démontre que mes adversaires ont eu connaissance du rapport de M. Barillon que le *masque Havard* avait sténographié,
ils se sont hâtés de faire protester les effets *Huard*,
et de faire un *protêt de perquisition*, après
quatre ans, pour remplir les vues de ce rapporteur qui les assujétissait, dans son son rapport,
aux formalités voulues par la loi. C'est de cette
manière que les sieurs Collin Daplés et compagnie sont parvenus, au moment de la procédure, à réfuter d'avance les objections qui leur
ont été faites; ils n'avaient, en quelque sorte,
qu'à répondre à des objections qu'ils s'étaient
faites eux-mêmes.

Car, la copie informe que je parvins à leur ar-
racher par sommation, cette copie était si laco-
niquement dérisoire, qu'elle ne peut jetter aucun jour sur la destination remplie par le billet
de 11,995 fr. 75 cent.; c'est-à-dire, que vu la
soustraction des pièces opérée au greffe par

l'homme masqué, il est devenu impossible de reconnaître s'il a été fait écriture des effets annullés par le bon à vue de 11,995 fr.

Ou M. Martin d'André a ignoré ces faits d'une nature si grave, si importante, si décisive et alors il est inexcusable d'avoir prononcé aussi légèrement qu'il l'a fait sur un point capital; ou M. Martin d'André a eu connaissance de ces faits; et alors il devient impossible d'expliquer ou de qualifier l'erreur immense dans laquelle il s'est précipité au bénéfice de ces diffamateurs astucieux.

Mais il faut malheureusement le dire encore, M. Martin d'André ne voyait dans son examen, dans son rapport, dans ce compte que lui avaient présenté la fraude et le mensonge, il ne voyait qu'une seule et unique prévention, *le faux ;* il rapportait tout à ces craintes, à ces inquiétudes, à ces soupçons de faux si gratuitement avancés, si perfidement propagés par mes adversaires jusques dans ma famille.

Un arbitre est, par essence, un ministre d'impartialité et de paix ; il n'approuve ni ne blâme ; il ne condamne ni ne loue ; il examine, il discute, il vérifie, il approfondit les titres, les raisons, les faits sur lesquels sont fondées les prétentions des parties que la justice lui a ordonné

de concilier : un arbitre doit donc écouter les
parties, et à peine M. Martin d'André n'a-t-il
entendu quelques minutes. Un arbitre doit admettre les réclamations des parties en même
temps qu'il est appelé à discuter leurs titres,
et M. Martin d'André ne m'a laissé ni le temps,
ni la facilité, ni même la possibilité de produire
les titres sur lesquels mes réclamations se fondaient. M. Martin d'André n'a pas voulu entendre, n'a pas voulu faire appeler *Huard*, *Legendre*, etc., quelques instances que j'aie fait
à cet égard ; mais M. Martin d'André a entendu
Picot, *seul témoin* des sieurs Collin Dapples ;
et M. Martin d'André a eu la bonté de consi-
gner ces étonnantes particularités dans son rapport.

Et cependant, je ne cesserai de le dire, un arbitre est un premier magistrat, une espèce de
juge sommaire, chargé par les tribunaux d'éclairer
la religion des dépositaires des lois, et de pré-
parer leurs conclusions : la grandeur, et l'on
pourrait dire la sainteté d'un semblable ministère
ne permettent donc pas de supposer, dans les
personnes auxquelles il est dévolu, des motifs
de corruption. M. Martin d'André, a été étran-
ger à ces motifs ; mais son rapport n'en est
pas plus exact pour cela ; il pèche contre
toutes les règles de l'équité, et même contre

les règles du bon sens et de l'arithmétique. C'est toujours la cause des calomniateurs qu'il plaide; et c'est toujours la cause du *faussaire* qu'il condamne.

M. Martin d'André admet à ma charge tous les frais portés en compte par mes adversaires, quoiqu'aucun ordre, aucune autorisation, même aucune mention de moi ne puissent venir à l'appui de ces frais : M. Martin d'André fait plus ; il réduit, de son chef, les honoraires payés à M. Jalabert; il les trouve portés dans un premier compte à 340 fr., et dans un second à 220; il les porte, de son autorité, à 120, fr., étrange, ou plutôt inconcevable variation de la part d'un arbitre, chargé de prononcer sur des articles qui doivent avoir été extraits de livres qui ne sauraient varier! Mais, par un surcroît de variation plus inconcevable encore que ce qu'on vient de voir, l'honorable arbitre transporte bientôt ces honoraires dans des frais de voyage faits à Elbeuf, par les sieurs Collin Dapples et compagnie, et à leur seul profit; il colloque ces honoraires avec ces frais de voyage, et en compose un article nouveau et une nouvelle surcharge; il bâtit, à sa volonté, un compte de frais et de déboursés dont rien n'atteste la vérité, et dont rien ne justifie l'emploi : déplacemens, ou morcellement

d'articles, double emploi, cumulations de sommes, erreurs de calculs, FAUSSE BALANCE, rien
ne coûte à l'arbitre, rien ne lui semble dou-
teux pour établir ce qu'il appelle la créance des
sieurs Collin Dapples, et il faut, bon gré, mal
gré, que je sois débiteur ; par cela seul qu'ils se
sont inscrits, témérairement et calomnieuse-
ment, qu'ils se sont inscrits en *faux* relativement à
deux effets *Favas* et *Huard* dont il sont forcés
de reconnaître la vérité, il faut que je sois débiteur envers eux de toutes les sommes qu'il plaira
à ceux - ci de s'attribuer et de réclamer sur les
biens de leur infortunée victime.

Il faut plus encore ! je demande que l'on
me remette les effets dont ils sont nantis, dont
ils ont touché le montant, en tout ou partie : *nous les avons rendus à votre frère ,* répondent ces fidèles dépositaires, *et nous en avons
reçu en forme !* Leur objecte-t-on que le frère
était sans qualité, sans autorisation pour recevoir
la remise de ces effets, et que d'ailleurs ils leur
ont été renvoyés par ce frère : *Nous les avons
remis à votre frère ,* répondent encore ces scrupuleux dépositaires, *et nous avons reçu en
forme !* d'ailleurs, ajoutent-ils (en professant
à la fois une absurdité et un mensonge) l'obligation de 20 mille fr., contractée par vous et à

notre profit, devant M. Jalabert, notaire, *pré-suppose* l'annullation entière de ces effets, puis-que cette obligation a dû naturellement les faire passer dans vos mains, puisque vous n'auriez pas consenti une telle obligation en notre faveur, si elle ne vous avait valu décharge ou remise de ces effets, puisque nous ne vous devions rien, alors que vous avez consenti en notre faveur une obligation de 20 mille fr., et puisqu'enfin une obligation semblable ne pouvait avoir pour objet que de nous couvrir nous-mêmes de ce que vous nous deviez.

Mais si l'obligation de 20 mille fr. a dû annuller, suivant le dire des sieurs Collin Dapples, les effets que je leur ai remis, elle n'était pas donc contractée à raison d'un prêt de 20 mille fr. par eux fait, quoique l'acte en énonce textuelle-ment le motif; donc les sieurs Collin Dapples et compagnie sont, d'après leur propre dire, en contradiction avec eux-mêmes sur la nature de l'obligation de 20 mille fr. qu'ils ont obtenue de ma confiance et de ma loyauté; donc ils mentent impudemment à leur conscience et à la justice; donc ils abusent de ma bonne foi.

En effet, toujours guidé par une loyauté, sans doute imprudente, mais honorable jusques dans ses excès, mes adversaires témoignent-ils des

5

inquiétudes sur la solvabilité des confectionnaires ? Présument-ils que des événemens im-
prévus les laisseront peut-être à découvert ? Je
m'empresse de calmer les nouvelles inquiétudes,
je me hâte de prévenir jusqu'à la possibilité de
ces événemens, je leur consens une obligation
devant Jalabert ; et cependant ces négocians si
chatouilleux sur l'honneur de leur signature, ces
négocians si ombrageux, si craintifs à l'aspect du
moindre nuage qui s'élève sur l'horizon com-
mercial, à l'idée du moindre retard que peut
éprouver un billet dont ils attendent le paiement,
ces négocians si scrupuleux ne m'avaient pas encore fourni de compte..... Mais je jugeais de
leur délicatesse par la mienne propre ; leur parole était ma parole, et leurs intérêts se con-
fondaient avec mes intérêts, tant était grande,
entière, absolue, la confiance que j'accordais à
leurs demandes et même à leurs désirs.

J'étais loin de savoir que, semblables aux har-
pies de la fable, les sieurs Collin Dapples et
compagnie dénaturaient et enlevaient tout ce
qu'ils parvenaient à toucher ; aveuglé par mon
estime pour eux, par les sentimens de recon-
naissance qu'ils me devaient à tant de titres, je
leur témoignais toujours une confiance sans
bornes.

Telle est, en effet, ma conduite avec eux jusqu'au dernier instant. Comment ont-ils reconnu
tant d'abandon, tant de loyauté et, je suis forcé
de le dire, tant de bonhomie de ma part? Par la
calomnie la plus affreuse, par les diffamations les
plus criminelles, le dol le plus manifeste, enfin,
par les fraudes les plus avérées : et ils ont été
puissamment aidés, dans ce système d'iniquités,
par M. Martin d'André qui, sans le vouloir,
s'est rendu l'instrument actif de leurs fureurs, et
est devenu ainsi la cause de ma ruine.

Le sieur Delarue, ce *débiteur*, puisque l'honorable arbitre et mes adversaires ne cessent de
me désigner ainsi, ce débiteur avait nanti ses
prétendus *créanciers* de valeurs et d'effets qui
excédaient évidemment les sommes dont il pouvait être en débet, il leur avait dit :

« Vous avez en vos mains une masse d'effets
» qui représentent un capital de 50,000 fr.; la
» plupart de ces effets, vous le savez aussi bien
» que moi, puisque vous connaissez les confec-
» tionnaires, et que plusieurs ont été présentés
» par vous, la plupart de ces effets seront soldés
» à leur échéance. Mais supposons un instant que
» la moitié de ces effets reste en souffrance,
» quoique vous ayez l'intime conviction que
» beaucoup seront acquittés avec le temps : eh

3 *

» bien, je vais dissiper jusqu'à la possibilité de
» l'inquiétude ou du doute; je vais vous consen-
» tir pardevant notaire une obligation pour un
» tiers de la valeur de ces effets, obligation en
» vertu de laquelle seront hypothéqués tous les
» immeubles que je suis appelé à recueillir dans
» la succession de mon père. Etes-vous satis-
» faits? Etes-vous convaincus et de ma solvabi-
» lité et de l'honorable caractère qui a toujours
» dirigé les opérations de mon commerce? »

Cette noble proposition fut exécutée avec plus
d'empressement, encore, qu'ils n'en mirent à
l'accepter; et ces créanciers, si chatouilleux sur
le point d'honneur, ces négocians, si délicats sur
l'exactitude des paiemens, se trouvent à la fois
nantis et des effets que je leur ai remis, et d'une
obligation qui les couvre.

Après des procédés semblables, qui ne croi-
rait du moins que les sieurs Colin Dapples et
compagnie ne témoigneraient une noble recon-
naissance? Ils me l'ont témoignée en effet.....
C'est ce moment d'une confiance si grande de ma
part qu'ils choisissent pour s'approprier, avec
une sorte de sûreté, une partie de mes dépouil-
les, en m'accusant alors de leur avoir remis des
effets *faux*; c'est de ce moment qu'ils cherchent
néanmoins à réaliser la valeur de ces effets, et à

s'assurer en même temps du cautionnement de l'obligation de 20,000 fr., qu'un excès de loyauté m'avait porté à leur consentir. En vain leur demandai-je un compte, un réglement, un apurement d'affaires ; c'est par la calomnie et la diffamation qu'ils me répondent, et c'est pardevant les tribunaux que la fraude vient traduire la probité.

Mais l'éternelle Providence, d'où émanent la justice et les lois qui règlent le sort des hommes, la Providence ne permet pas que tant d'iniquités restent sans preuves et soient ensevelies dans les ténèbres ; elle veut que le jour éclaire enfin les manœuvres du crime, et elle ordonne à la vérité de se faire entendre.

Poussés dans leurs derniers retranchemens, les sieurs Colin Dapples et compagnie ont été contraints d'avouer que les effets, ou valeurs, au nombre de 17, formant ensemble 60,051 liv. 9 s., précédemment envoyés à mon frère, *leur avaient été renvoyés par ce dernier* ; mais, disent-ils, ils m'ont remis depuis ces effets !

Et où est la preuve de cette dernière remise, de la seule remise légitime et légale qu'ils pussent faire ?..... Leur parole. Et la preuve de cette parole, quelle est-elle ?...... Leur parole. On va bientôt juger du poids d'une pareille preuve.

Ils m'ont remis les dix-sept effets susdits!.....
Ils le disent effrontément; et un jugement du
tribunal de commerce de la Seine, en date du
29 juillet 1817, dont on n'a pu justifier à la Cour
royale, *par les raisons sans réplique qu'on don-
nera plus bas,* démontre invinciblement que
deux de ces effets (les effets *Legendre*, ensemble
10,000 fr.), ont été acquittés par le souscripteur
au profit et entre les mains des sieurs Colin Dapples et compagnie : donc ils ne m'avaient pas
remis ces effets lorsqu'ils l'assuraient devant
M. Martin d'André. Ils en ont touché la valeur :
donc ils en étaient porteurs, et ils ont menti au
tribunal ; ils en ont ensuite encaissé les deniers :
donc ils en doivent compte. Et cependant ils
soutiennent, ils affirment, ils jureront même, si
on l'exige, qu'ils ont remis ces effets!!!

Le sieur Legendre a donc payé; il a repré-
senté au tribunal de commerce ses effets acquittés; et, par une seconde méprise, qu'il devient
impossible d'expliquer d'une manière qui ne ré-
pugne pas au bon sens, les effets acquittés au
profit et entre les mains de ces fripons, se trouvent (ainsi que cela doit être naturellement)
entre les mains du libéré, c'est-à-dire de Legendre, tandis qu'ils soutiennent au contraire
qu'ils les ont remis à mon frère, et qu'ils sont
entre mes mains.

Quelle est donc la baguette magique qui transporte une somme de 10,000 fr. dans les mains de ces escamoteurs adroits, et qui transporte les deux billets, en vertu desquels cette somme est payée, entre les mains du sieur *Legendre*, tandis que les premiers soutiennent qu'ils ont remis ces billets, que ces billets étaient faux, que les confectionnaires sont inconnus ?

Si le dol et la fraude, tranchons le mot, si le vol n'est pas incontestablement démontré, il faut renoncer désormais à prouver qu'il fait jour en plein midi.

Mais ce n'est pas de la seule preuve de bonne foi et d'honneur que ces hommes aient offerte au tribunal ; en voici une qui peut soutenir la comparaison avec ce qu'ils appellent la liquidation *Legendre*.

Dans les dix-sept effets précités se trouvaient deux effets de Caron Revel, de chacun 4,000 fr. Ils ont été obligés d'avouer devant le tribunal de commerce, qu'ils avaient reçu sur ces effets une somme de 4,000 fr. ; l'honorable arbitre, M. Martin d'André, qu'on n'accusera pas certainement de favoriser mes intérêts, a porté cette dernière somme en déduction de celles qu'ils prétendent que je devais.

Et néanmoins ces effets Caron Revel, ainsi

que les effets *Legendre*, avaient été, selon le dire et l'affirmé des sieurs Colin Dapples, remis par eux au sieur Emmanuel Delarue, et ensuite à moi. Quel est donc le magicien, le sténographe *au nez de carton*, *au nez d'argent*, ou *au nez de cire*, assez habile pour escamoter ainsi les effets qu'on remet?

Qu'on remet! Quelle remise et quelle restitution que celles qui laissent l'argent entre les mains du restituant, et le titre représentatif entre les mains du débiteur!

Lorsqu'on songe à de pareilles restitutions, il faut trembler de rencontrer en affaires, ou en société, des hommes aussi fidèles, aussi probes, aussi délicats que ces Colin et compagnie; car il ne faudrait pas beaucoup de remises de titres ou de restitutions d'effets, aussi loyales et aussi nobles, pour ruiner la maison de banque le plus solidement établie, si elle avait l'avantage d'être en relation d'affaires avec de tels négocians qui se servent de courtiers ayant des nez de masque.

Ces négocians ont fait partant banqueroute, ou, pour se servir du terme honnête de la bourse, ils ont arrangé leurs affaires *sous la cheminée* : voilà un avantage incontestable qu'ils ont sur moi, qui ai préféré sottement aliéner mes immeubles et les propriétés de mes pères, pour

honorer une signature et un nom qui fut toujours sans reproche. Cette seule considération
expliquerait peut-être pourquoi ils se trouvent
encore *avoir raison,* lorsqu'ils ont spolié un
homme dont ils ont surpris la confiance et trompé
la bonne foi, car ils me poursuivent, ils m'ac-
cablent de frais, ils m'incarcèrent avec l'argent
qu'ils me retiennent.

Et c'est à ces faillis, à des hommes notoire-
ment coupables de mensonges, de calomnies,
de soustractions frauduleuses, faites par eux-
mêmes ou leurs agens *masqués;* c'est à de tels
hommes, convaincus par leurs propres déclara-
tions, ainsi que par le jugement du tribunal de
commerce, convaincus d'avoir négocié des effets
qu'ils prétendent avoir remis; c'est de tels hommes
que la cour royale a déféré le serment ! ! !

Toujours les scélérats ont recours au parjure.

RACINE.

Cette cour ordonne que les sieurs Collin Dapples (ou le liquidateur Christian Dapples) sera
tenu, s'il est requis, d'affirmer en personne « à
» l'audience, que les 17 effets formant ensem-
» ble 60,051 liv. 9 s., précédemment envoyés
» à Emmanuel Delarue, ont été remis depuis
» à Henri Delarue. »

Mais, les effets *Caron Revel*, les deux effets *Legendre* faisaient partie de ces effets, et comment Daniel Collin ou le liquidateur Dapples ont-ils pu, ou pourront-ils les remettre, ces effets, lorsque *Caron Revel* et *Legendre* les ont soldés et reçus? Il n'y a qu'un faux serment qui puisse résoudre une telle difficulté; oui, un faux serment.

Ainsi, un faux serment suffirait pour liquider définitivement les sieurs Collin Dapples! Cette monnaie peut être de bon aloi pour certaines gens, et tout porte à croire que le liquidateur s'en accommoderait à merveille; mais ce serait une étrange disposition que celle qui libérerait, par serment, mes *fidèles dépositaires*, de l'obligation de me tenir compte des sommes qu'ils ont pu recevoir sur ces effets dont ils étaient couverts par une obligation notariée.

Or, il est incontestablement prouvé que ces *fidèles dépositaires* ont traité avec plusieurs de ces débiteurs; qu'ils n'avaient de moi aucune autorisation pour traiter; qu'ils étaient, au contraire, obligés et tenus de me remettre les effets souscrits par ces débiteurs, qu'ils affirment les avoir remis à Emanuel Delarue qui n'avait ni qualité, ni pouvoir pour les recevoir et en donner décharge; qu'ils prétendent me les avoir

remis depuis; et cependant il est incontestablement prouvé, par jugement des tribunaux, que
ces effets se trouvent entre les mains des souscripteurs qui en ont traité avec eux et qui leur
en ont payé la valeur.

Et un serment suffirait, dans un tel cas et
dans un tel état de choses, pour libérer le liquidateur Dapples d'un dépôt que ses associés
avouent avoir reçu, d'une restitution à laquelle
ils sont tenus par des témoignages et des preuves
qui ne sauraient aujourd'hui laisser aucun doute
aux yeux de la loi! Et un serment suffirait pour
légitimer et régulariser la spoliation, lorsque les
auteurs de cette spoliation ont été amenés à ne
pouvoir plus nier qu'ils avaient traité avec les
débiteurs de plusieurs effets à eux remis, effets
confiés et couverts par obligation devant notaire!

Il faut aller au théâtre pour se tirer de là
du moins en s'égayant; le théâtre est la peinture
des mœurs. Tout Paris a vu le vaudeville où
Gaspard l'*Avisé*, natif de *Falaise*, offre d'affirmer par *serment* qu'il n'a pas touché ce qu'on
lui a vu prendre. Ce bon et honnête l'*Avisé* a
ses poches pleines d'as; il les en retire fort à
propos pour assurer son jeu; surpris, en flagrant délit, Gaspard s'écrie, avec l'assurance de

la vertu : Je lèverai la main et le pied s'il le faut, et Gaspard l'*Avisé* le fait comme il le dit.

Un des associés de la maison Collin Dapples et compagnie, est précisément du pays de Gaspard l'Avisé. Le sieur Collin a vu le jour à *Datis* près Condé-sur-Noireau, aux environs de *Falaise,* et l'on assure qu'un des siens à fourni le sujet du vaudeville, comme la Folle du port Saint-Ouen a fourni celui de Nina à l'Opéra comique. Le caractère de ces négocians, dont j'esquisse quelques traits dans cet écrit, ne permet guère de douter que ces honnêtes liquidateurs, retirés des affaires, et qui ont mis leurs créanciers à demi-solde, *ne lèvent la main;* en cas de besoin, ils *lèveront même le pied* s'il est nécessaire, car cette manière est assez familère aux banqueroutiers dans le siècle où nous sommes.

En m'exprimant ainsi, je cherche à démontrer combien la disposition de la Cour royale qui leur a déféré le serment, est inapplicable à la question.

Il y a ici contradiction manifeste dans la disposition, et impossibilité absolue dans l'exécution; il y a donc nécessité de faux serment. Un faux serment fut-il aussi faux que les fait Gaspard l'Avisé au Vaudeville, peut bien absoudre d'une contradiction et dispenser d'une exécution; mais un faux serment ne peut faire que ce qui est noir soit blanc; car, le noir est toujours noir; tous les Gaspards de Datis, de Falaise, de Vire et de Domfront assurassent-ils par serment que le noir est blanc.

Un jugement du tribunal de commerce en date du 29 juillet 1817, atteste que les deux billets *Legendre*, ensemble dix mille francs, ont été acquittés par ledit Legendre aux sieurs Collin Dapples et compagnie, qui, en conséquence, lui en ont remis le titre : comment donc les sieurs Collin Dapples pourront-ils affirmer par serment qu'ils m'ont remis ces titres?

Ce fait si positif, si majeur, *n'a pu être justifié à la Cour royale*, par une fatalité qu'il n'a pas dépendu de moi de surmonter ; car, quoique j'eusse fait enregistrer la minute du jugement du tribunal de commerce dès le 18 août, je n'ai pu obtenir la délivrance de la grosse que le 8 septembre, c'est-à-dire, *après* l'arrêt de la Cour royale, lequel est du 30 août.

Nul doute, si la Cour royale eût pu avoir connaissance légale et preuve juridique d'un fait aussi important, nul doute qu'elle n'eût changé les dispositions de son arrêt. Une circonstance aussi grave que celle que je viens de rapporter, eût suffi pour prouver que ces cons-

Ces vérités sont un peu dures, et causeront,
je n'en doute pas de l'humeur à des gens surpris
en flagrant délit ; mais pour la dissiper, qu'ils se
rappellent ces vers du bon La Fontaine sur la
doctrine d'Escobar, dont le nom fait proverbe.

> A la fortune, en cette courte vie,
> Veut-on aller par ruse et par détours ?
> *Chemin pierreux* est dur et vous ennuie,
> Escobar sait le chemin de velours.
> Il ne dit pas qu'on peut tuer un homme
> Qui, sans raison, nous tient en altercas,
> Pour un fétu, ou bien pour une pomme ;
> Mais qu'on le peut pour quatre ou cinq ducats ;
> Même il soutient qu'on peut en certain cas
> Faire un serment avec supercherie
> Pour conserver l'objet de ses amours.
> Ne faut-il pas après cela qu'on crie :
> Escobar sait le chemin de velours.

Nous vivons sous un prince ami de la justice
et des lois, sous un prince que la Providence
a appelé pour réparer tous les maux que la vio-
lation de la justice avait enfantés parmi ses sujets.
Ce monarque, image vivante de la justice et de
la bienfaisance divine, veut que le citoyen auquel
on a ravi de légitimes droits, soit toujours libre
de faire entendre de légitimes réclamations : la
loi le permet, elle donne à la victime le droit
de solliciter la révision d'un jugement inique,

elle lui accorde la faculté d'en solliciter la cassation.

Pénétré de respect pour les magistrats dépositaires de la loi et de la justice, ces magistrats m'ont condamné, mais leur religion fut surprise; la vérité ne put se montrer à leurs yeux, tant mes criminels adversaires avaient pris soin de l'obscurcir en dénaturant les faits principaux, des faits de toute évidence, des faits qui n'*ont pu parvenir à la connaissance des juges qu'a-près leur prononcé*!!! C'est pour rétablir pleinement le droit, les faits et la cause, que je soumets cet exposé à l'opinion publique, aux magistrats et aux lois.

H¹. DELARUE Fils.

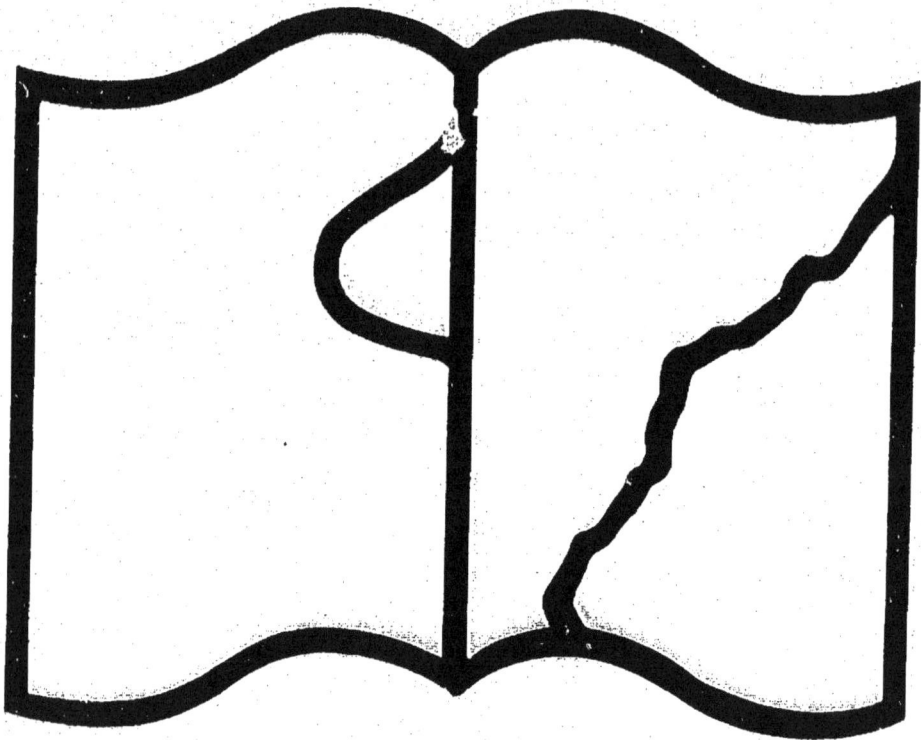

Texte détérioré — reliure défectueuse

NF Z 43-120-11

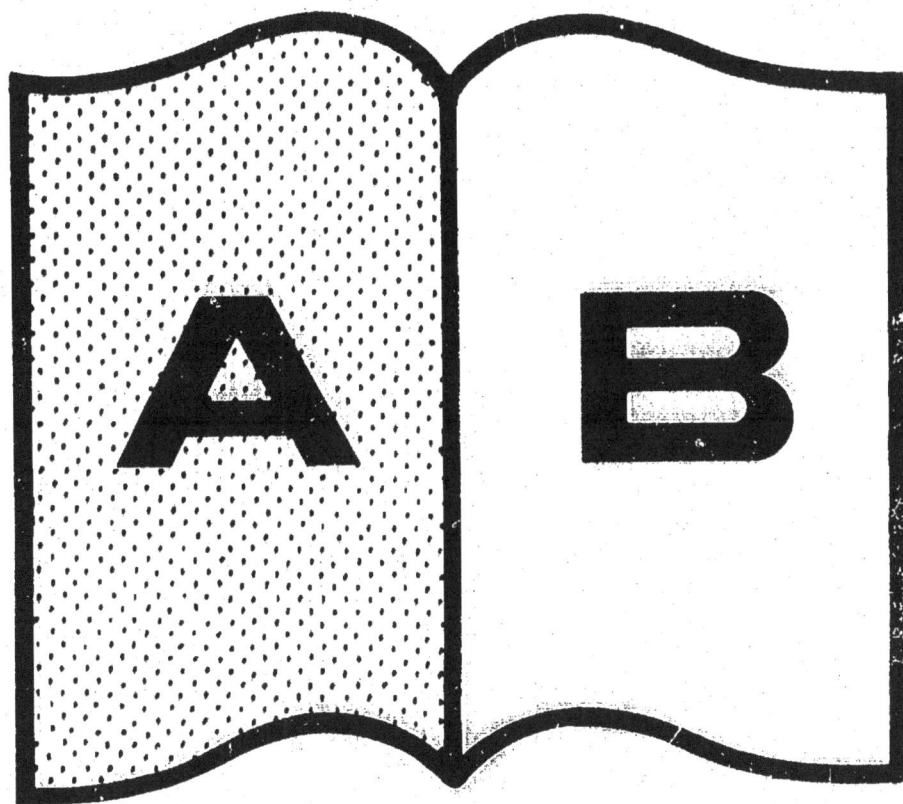

Contraste Insuffisant

NF Z 43-120-14

www.ingramcontent.com/pod-product-compliance
Lightning Source LLC
Chambersburg PA
CBHW071333200326
41520CB00013B/2957